한눈에 보는
180구절

한눈에 보는
180구절

주제별 성경암송 180구절은 그리스도인으로서 온전한 믿음과 성숙한 인격을 갖추는 데 필요한 핵심 구절들이며 아래와 같은 5가지 주제로 되어 있습니다.

1. 하나님을 알아감
2. 사랑 안에서 자라감
3. 믿음 안에서 자라감
4. 승리 안에서 행함
5. 그리스도를 증거함

180구절 암송을 처음으로 시작하시는 분들은 이 책자를 가지고 직접 암송할 수도 있으나, 더 효과적인 암송을 위해서는 네비게이토 소책자 시리즈 25-27에 소개되어 있는 암송 원리를 따라 암송 카드와 암송 지갑을 사용해 암송하는 것이 좋습니다.

이 책자는 180구절 전체를 한눈에 파악하며 암송하는 것을 통해 성숙한 그리스도의 일꾼으로 살아가는 데 도움을 주기 위해 만들어졌습니다.

차 례

시리즈 1. 하나님을 알아감
1. 예수 그리스도 ································ 8
2. 성령 ··· 15
3. 하나님 ··· 22

시리즈 2. 사랑 안에서 자라감
1. 사랑으로 말함 ······························· 30
2. 사랑으로 대함 ······························· 37
3. 사랑으로 행함 ······························· 44

시리즈 3. 믿음 안에서 자라감
1. 약속 ··· 52
2. 말씀 ··· 59
3. 믿음 ··· 66

시리즈 4. 승리 안에서 행함
1. 승 리 ······································· 74
2. 순 결 ······································· 81
3. 기 도 ······································· 88

시리즈 5. 그리스도를 증거함
1. 전 도 ······································· 96
2. 변 명 ······································· 103
3. 그리스도 안에 있는 신자의 위치 ········ 110

※ 시리즈 1 ※

하나님을 알아감

Getting to Know God

시리즈 1. 하나님을 알아감

1. 예수 그리스도

1) 예수님의 신성   요 1:1,14   히 1:8
2) 예수님의 인성   히 4:15   눅 2:52
3) 예수님의 부활   고전 15:3-4   고전 15:20
4) 예수님은 하나님을
   나타내심   요 1:18   히 1:3
5) 구속자이신 예수님   눅 19:10   벧전 1:18-19
6) 예수님의 재림   살전 4:16-17   요일 3:2-3

1) 예수님의 신성

요한복음 1:1,14
태초에 말씀이 계시니라. 이 말씀이 하나님과 함께 계셨으니 이 말씀은 곧 하나님이시니라. 말씀이 육신이 되어 우리 가운데 거하시매 우리가 그 영광을 보니 아버지의 독생자의 영광이요 은혜와 진리가 충만하더라.

1) 예수님의 신성

히브리서 1:8
아들에 관하여는, 하나님이여 주의 보좌가 영영하며 주의 나라의 홀은 공평한 홀이니이다.

2) 예수님의 인성

히브리서 4:15
우리에게 있는 대제사장은 우리 연약함을 체휼하지 아니하는 자가 아니요 모든 일에 우리와 한결같이 시험을 받은 자로되 죄는 없으시니라.

2) 예수님의 인성

누가복음 2:52
예수는 그 지혜와 그 키가 자라 가며 하나님과 사람에게 더 사랑스러워 가시더라.

3) 예수님의 부활

고린도전서 15:3-4
내가 받은 것을 먼저 너희에게 전하였노니 이는 성경대로 그리스도께서 우리 죄를 위하여 죽으시고 장사 지낸 바 되었다가 성경대로 사흘 만에 다시 살아나사.

3) 예수님의 부활

고린도전서 15:20
그러나 이제 그리스도께서 죽은 자 가운데서 다시 살아 잠자는 자들의 첫 열매가 되셨도다.

4) 예수님은 하나님을 나타내심

요한복음 1:18
본래 하나님을 본 사람이 없으되 아버지 품속에 있는 독생하신 하나님이 나타내셨느니라.

4) 예수님은 하나님을 나타내심

히브리서 1:3
이는 하나님의 영광의 광채시요 그 본체의 형상이시라. 그의 능력의 말씀으로 만물을 붙드시며 죄를 정결케 하는 일을 하시고 높은 곳에 계신 위엄의 우편에 앉으셨느니라.

5) 구속자이신 예수님

누가복음 19:10
인자의 온 것은 잃어버린 자를 찾아 구원하려 함이니라.

5) 구속자이신 예수님

베드로전서 1:18-19
너희가 알거니와 너희 조상의 유전한 망령된 행실에서 구속된 것은 은이나 금같이 없어질 것으로 한 것이 아니요 오직 흠 없고 점 없는 어린 양 같은 그리스도의 보배로운 피로 한 것이니라.

6) 예수님의 재림

데살로니가전서 4:16-17
주께서 호령과 천사장의 소리와 하나님의 나팔로 친히 하늘로 좇아 강림하시리니 그리스도 안에서 죽은 자들이 먼저 일어나고 그 후에 우리 살아남은 자도 저희와 함께 구름 속으로 끌어올려 공중에서 주를 영접하게 하시리니 그리하여 우리가 항상 주와 함께 있으리라.

6) 예수님의 재림

요한일서 3:2-3
사랑하는 자들아, 우리가 지금은 하나님의 자녀. 장래에 어떻게 될 것은 아직 나타나지 아니하였으나 그가 나타내심이 되면 우리가 그와 같을 줄을 아는 것은 그의 계신 그대로 볼 것을 인함이니 주를 향하여 이 소망을 가진 자마다 그의 깨끗하심과 같이 자기를 깨끗하게 하느니라.

시리즈 1. 하나님을 알아감

2. 성령

1) 증거하시는 성령   요 16:13-14   고전 12:3
2) 내주하시는 성령   롬 8:9   갈 4:6
3) 통치하시는 성령   엡 5:18   갈 5:16
4) 계시하시는 성령   고전 2:9-10   요 14:26
5) 능력을 주시는 성령   고전 2:4-5   살전 1:5
6) 은사를 주시는 성령   고전 12:11   고전 12:4-6

1) 증거하시는 성령

요한복음 16:13-14
그러나 진리의 성령이 오시면 그가 너희를 모든 진리 가운데로 인도하시리니 그가 자의로 말하지 않고 오직 듣는 것을 말하시며 장래 일을 너희에게 알리시리라. 그가 내 영광을 나타내리니 내 것을 가지고 너희에게 알리겠음이니라.

1) 증거하시는 성령

고린도전서 12:3
그러므로 내가 너희에게 알게 하노니 하나님의 영으로 말하는 자는 누구든지 예수를 저주할 자라 하지 않고 또 성령으로 아니하고는 누구든지 예수를 주시라 할 수 없느니라.

2) 내주하시는 성령

로마서 8:9
만일 너희 속에 하나님의 영이 거하시면 너희가 육신에 있지 아니하고 영에 있나니 누구든지 그리스도의 영이 없으면 그리스도의 사람이 아니라.

2) 내주하시는 성령

갈라디아서 4:6
너희가 아들인 고로 하나님이 그 아들의 영을 우리 마음 가운데 보내사 아바 아버지라 부르게 하셨느니라.

3) 통치하시는 성령

에베소서 5:18
술 취하지 말라. 이는 방탕한 것이니 오직 성령의 충만을 받으라.

3) 통치하시는 성령

갈라디아서 5:16
내가 이르노니 너희는 성령을 좇아 행하라. 그리하면 육체의 욕심을 이루지 아니하리라.

4) 계시하시는 성령

고린도전서 2:9-10
기록된바 하나님이 자기를 사랑하는 자들을 위하여 예비하신 모든 것은 눈으로 보지 못하고 귀로도 듣지 못하고 사람의 마음으로도 생각지 못하였다 함과 같으니라. 오직 하나님이 성령으로 이것을 우리에게 보이셨으니 성령은 모든 것 곧 하나님의 깊은 것이라도 통달하시느니라.

4) 계시하시는 성령

요한복음 14:26
보혜사 곧 아버지께서 내 이름으로 보내실 성령, 그가 너희에게 모든 것을 가르치시고 내가 너희에게 말한 모든 것을 생각나게 하시리라.

5) 능력을 주시는 성령

고린도전서 2:4-5
내 말과 내 전도함이 지혜의 권하는 말로 하지 아니하고 다만 성령의 나타남과 능력으로 하여 너희 믿음이 사람의 지혜에 있지 아니하고 다만 하나님의 능력에 있게 하려 하였노라.

5) 능력을 주시는 성령

데살로니가전서 1:5
이는 우리 복음이 말로만 너희에게 이른 것이 아니라 오직 능력과 성령과 큰 확신으로 된 것이니 우리가 너희 가운데서 너희를 위하여 어떠한 사람이 된 것은 너희 아는 바와 같으니라.

6) 은사를 주시는 성령

고린도전서 12:11
이 모든 일은 같은 한 성령이 행하사 그 뜻대로 각 사람에게 나눠 주시느니라.

6) 은사를 주시는 성령

고린도전서 12:4-6
은사는 여러 가지나 성령은 같고 직임은 여러 가지나 주는 같으며 또 역사는 여러 가지나 모든 것을 모든 사람 가운데서 역사하시는 하나님은 같으니.

시리즈 1. 하나님을 알아감

3. 하나님

1) 능력　　　　　렘 32:17
2) 지혜　　　　　롬 11:33
3) 임재　　　　　렘 23:24
4) 은혜　　　　　고후 9:8
5) 영광　　　　　대상 29:11-13
6) 성실　　　　　살후 3:3
7) 영이심　　　　요 4:24
8) 거룩하심　　　벧전 1:15-16
9) 광대하심　　　시 145:3
10) 사랑　　　　　요일 4:10
11) 긍휼　　　　　시 86:15
12) 절대주권　　　롬 8:28

1) 하나님의 능력

예레미야 32:17
슬프도소이다 주 여호와여, 주께서 큰 능과 드신 팔로 천지를 지으셨사오니 주에게는 능치 못한 일이 없으시니이다.

2) 하나님의 지혜

로마서 11:33
깊도다 하나님의 지혜와 지식의 부요함이여, 그의 판단은 측량치 못할 것이며 그의 길은 찾지 못할 것이로다.

3) 하나님의 임재

예레미야 23:24
나 여호와가 말하노라. 사람이 내게 보이지 아니하려고 누가 자기를 은밀한 곳에 숨길 수 있겠느냐. 나 여호와가 말하노라. 나는 천지에 충만하지 아니하냐.

4) 하나님의 은혜

고린도후서 9:8
하나님이 능히 모든 은혜를 너희에게 넘치게 하시나니 이는 너희로 모든 일에 항상 모든 것이 넉넉하여 모든 착한 일을 넘치게 하게 하려 하심이라.

5) 하나님의 영광

역대상 29:11-13
여호와여, 광대하심과 권능과 영광과 이김과 위엄이 다 주께 속하였사오니 천지에 있는 것이 다 주의 것이로소이다. 여호와여, 주권도 주께 속하였사오니 주는 높으사 만유의 머리심이니이다. 부와 귀가 주께로 말미암고 또 주는 만유의 주재가 되사 손에 권세와 능력이 있사오니 모든 자를 크게 하심과 강하게 하심이 주의 손에 있나이다. 우리 하나님이여, 이제 우리가 주께 감사하오며 주의 영화로운 이름을 찬양하나이다.

6) 하나님의 성실

데살로니가후서 3:3
주는 미쁘사 너희를 굳게 하시고 악한 자에게서 지키시리라.

7) 하나님은 영이심

요한복음 4:24
하나님은 영이시니 예배하는 자가 신령과 진정으로 예배할지니라.

8) 하나님의 거룩하심

베드로전서 1:15-16
오직 너희를 부르신 거룩한 자처럼 너희도 모든 행실에 거룩한 자가 되라. 기록하였으되 내가 거룩하니 너희도 거룩할지어다 하셨느니라.

9) 하나님의 광대하심

시편 145:3
여호와는 광대하시니 크게 찬양할 것이라. 그의 광대하심을 측량치 못하리로다.

10) 하나님의 사랑

요한일서 4:10
사랑은 여기 있으니 우리가 하나님을 사랑한 것이 아니요 오직 하나님이 우리를 사랑하사 우리 죄를 위하여 화목제로 그 아들을 보내셨음이니라.

11) 하나님의 긍휼

시편 86:15
그러나 주여, 주는 긍휼히 여기시며 은혜를 베푸시며 노하기를 더디 하시며 인자와 진실이 풍성하신 하나님이시오니.

12) 하나님의 절대주권

로마서 8:28
우리가 알거니와 하나님을 사랑하는 자 곧 그 뜻대로 부르심을 입은 자들에게는 모든 것이 합력하여 선을 이루느니라.

◈ 시리즈 2 ◈

사랑 안에서 자라감

Growing in Love

시리즈 2. 사랑 안에서 자라감

1. 사랑으로 말함

1) 진실을 말함   엡 4:15   골 3:9
2) 험담을 피함   잠 17:9   잠 11:13
3) 은혜스럽게 말함   골 4:4-6   잠 15:1
4) 죄를 시인함   약 5:16   마 5:23-24
5) 경청함   약 1:19   잠 18:13
6) 책망을 받아들임   잠 9:8-9   마 18:15

1) 진실을 말함

에베소서 4:15
오직 사랑 안에서 참된 것을 하여 범사에 그에게까지 자랄지라. 그는 머리니 곧 그리스도라.

1) 진실을 말함

골로새서 3:9
너희가 서로 거짓말을 말라. 옛 사람과 그 행위를 벗어 버리고.

2) 험담을 피함

잠언 17:9
허물을 덮어 주는 자는 사랑을 구하는 자요 그것을 거듭 말하는 자는 친한 벗을 이간하는 자니라.

2) 험담을 피함

잠언 11:13
두루 다니며 한담하는 자는 남의 비밀을 누설하나 마음이 신실한 자는 그런 것을 숨기느니라.

3) 은혜스럽게 말함

골로새서 4:4-6
그리하면 내가 마땅히 할 말로써 이 비밀을 나타내리라. 외인을 향하여서는 지혜로 행하여 세월을 아끼라. 너희 말을 항상 은혜 가운데서 소금으로 고루게 함같이 하라. 그리하면 각 사람에게 마땅히 대답할 것을 알리라.

3) 은혜스럽게 말함

잠언 15:1
유순한 대답은 분노를 쉬게 하여도 과격한 말은 노를 격동하느니라.

4) 죄를 시인함

야고보서 5:16
이러므로 너희 죄를 서로 고하며 병 낫기를 위하여 서로 기도하라. 의인의 간구는 역사하는 힘이 많으니라.

4) 죄를 시인함

마태복음 5:23-24
그러므로 예물을 제단에 드리다가 거기서 네 형제에게 원망 들을 만한 일이 있는 줄 생각나거든 예물을 제단 앞에 두고 먼저 가서 형제와 화목하고 그 후에 와서 예물을 드리라.

5) 경청함

야고보서 1:19
내 사랑하는 형제들아, 너희가 알거니와 사람마다 듣기는 속히 하고 말하기는 더디 하며 성내기도 더디 하라.

5) 경청함

잠언 18:13
사연을 듣기 전에 대답하는 자는 미련하여 욕을 당하느니라.

6) 책망을 받아들임

잠언 9:8-9
거만한 자를 책망하지 말라. 그가 너를 미워할까 두려우니라. 지혜 있는 자를 책망하라. 그가 너를 사랑하리라. 지혜 있는 자에게 교훈을 더하라. 그가 더욱 지혜로워질 것이요. 의로운 사람을 가르치라. 그의 학식이 더하리라.

6) 책망을 받아들임

마태복음 18:15
네 형제가 죄를 범하거든 가서 너와 그 사람과만 상대하여 권고하라. 만일 들으면 네가 네 형제를 얻은 것이요.

시리즈 2. 사랑 안에서 자라감

2. 사랑으로 대함

1) 다른 사람을 용서함 엡 4:32   골 3:13
2) 오래 참음   엡 4:2   딤후 2:24-25
3) 분노를 다스림   엡 4:26   골 3:8
4) 악의를 버림   히 12:15   엡 4:31
5) 억울한 일을 참음   벧전 2:20-21 롬 12:19
6) 시기심을 버림   잠 27:4   약 3:16

1) 다른 사람을 용서함

에베소서 4:32
서로 인자하게 하며 불쌍히 여기며 서로 용서하기를 하나님이 그리스도 안에서 너희를 용서하심과 같이 하라.

1) 다른 사람을 용서함

골로새서 3:13
누가 뉘게 혐의가 있거든 서로 용납하여 피차 용서하되 주께서 너희를 용서하신 것과 같이 너희도 그리하고.

2) 오래 참음

에베소서 4:2
모든 겸손과 온유로 하고 오래 참음으로 사랑 가운데서 서로 용납하고.

2) 오래 참음

디모데후서 2:24-25
마땅히 주의 종은 다투지 아니하고 모든 사람을 대하여 온유하며 가르치기를 잘하며 참으며 거역하는 자를 온유함으로 징계할지니 혹 하나님이 저희에게 회개함을 주사 진리를 알게 하실까 하며.

3) 분노를 다스림

에베소서 4:26
분을 내어도 죄를 짓지 말며 해가 지도록 분을 품지 말고.

3) 분노를 다스림

골로새서 3:8
이제는 너희가 이 모든 것을 벗어 버리라. 곧 분과 악의와 훼방과 너희 입의 부끄러운 말이라.

4) 악의를 버림

히브리서 12:15
너희는 돌아보아 하나님 은혜에 이르지 못하는 자가 있는가 두려워하고 또 쓴 뿌리가 나서 괴롭게 하고 많은 사람이 이로 말미암아 더러움을 입을까 두려워하고.

4) 악의를 버림

에베소서 4:31
너희는 모든 악독과 노함과 분냄과 떠드는 것과 훼방하는 것을 모든 악의와 함께 버리고.

5) 억울한 일을 참음

베드로전서 2:20-21
죄가 있어 매를 맞고 참으면 무슨 칭찬이 있으리요. 오직 선을 행함으로 고난을 받고 참으면 이는 하나님 앞에 아름다우니라. 이를 위하여 너희가 부르심을 입었으니 그리스도도 너희를 위하여 고난을 받으사 너희에게 본을 끼쳐 그 자취를 따라오게 하려 하셨느니라.

5) 억울한 일을 참음

로마서 12:19
내 사랑하는 자들아, 너희가 친히 원수를 갚지 말고 진노하심에 맡기라. 기록되었으되 원수 갚는 것이 내게 있으니 내가 갚으리라고 주께서 말씀하시니라.

6) 시기심을 버림

잠언 27:4
분은 잔인하고 노는 창수 같거니와 투기 앞에야 누가 서리요.

6) 시기심을 버림

야고보서 3:16
시기와 다툼이 있는 곳에는 요란과 모든 악한 일이 있음이니라.

시리즈 2. 사랑 안에서 자라감

3. 사랑으로 행함

1) 화목한 생활　　　롬 15:5-6　　고전 1:10
2) 다른 사람을 섬김　마 20:26-27　갈 5:13
3) 남을 먼저 생각함　롬 15:2　　　빌 2:3-4
4) 서로 격려함　　　살전 5:11　　전 4:9-10
5) 불쌍히 여김　　　마 9:36　　　롬 12:15
6) 온유하게 대함　　약 3:17　　　갈 6:1

1) 화목한 생활

로마서 15:5-6
이제 인내와 안위의 하나님이 너희로 그리스도 예수를 본받아 서로 뜻이 같게 하여 주사 한마음과 한 입으로 하나님 곧 우리 주 예수 그리스도의 아버지께 영광을 돌리게 하려 하노라.

1) 화목한 생활

고린도전서 1:10
형제들아, 내가 우리 주 예수 그리스도의 이름으로 너희를 권하노니 다 같은 말을 하고 너희 가운데 분쟁이 없이 같은 마음과 같은 뜻으로 온전히 합하라.

2) 다른 사람을 섬김

마태복음 20:26-27
너희 중에는 그렇지 아니하니 너희 중에 누구든지 크고자 하는 자는 너희를 섬기는 자가 되고 너희 중에 누구든지 으뜸이 되고자 하는 자는 너희 종이 되어야 하리라.

2) 다른 사람을 섬김

갈라디아서 5:13
형제들아, 너희가 자유를 위하여 부르심을 입었으나 그러나 그 자유로 육체의 기회를 삼지 말고 오직 사랑으로 서로 종노릇 하라.

3) 남을 먼저 생각함

로마서 15:2
우리 각 사람이 이웃을 기쁘게 하되 선을 이루고 덕을 세우도록 할지니라.

3) 남을 먼저 생각함

빌립보서 2:3-4
아무 일에든지 다툼이나 허영으로 하지 말고 오직 겸손한 마음으로 각각 자기보다 남을 낫게 여기고 각각 자기 일을 돌아볼 뿐더러 또한 각각 다른 사람들의 일을 돌아보아 나의 기쁨을 충만케 하라.

4) 서로 격려함

데살로니가전서 5:11
그러므로 피차 권면하고 피차 덕을 세우기를 너희가 하는 것같이 하라.

4) 서로 격려함

전도서 4:9-10
두 사람이 한 사람보다 나음은 저희가 수고함으로 좋은 상을 얻을 것임이라. 혹시 저희가 넘어지면 하나가 그 동무를 붙들어 일으키려니와 홀로 있어 넘어지고 붙들어 일으킬 자가 없는 자에게는 화가 있으리라.

5) 불쌍히 여김

마태복음 9:36
무리를 보시고 민망히 여기시니 이는 저희가 목자 없는 양과 같이 고생하며 유리함이라.

5) 불쌍히 여김

로마서 12:15
즐거워하는 자들로 함께 즐거워하고 우는 자들로 함께 울라.

6) 온유하게 대함

야고보서 3:17
오직 위로부터 난 지혜는 첫째 성결하고 다음에 화평하고 관용하고 양순하며 긍휼과 선한 열매가 가득하고 편벽과 거짓이 없나니.

6) 온유하게 대함

갈라디아서 6:1
형제들아, 사람이 만일 무슨 범죄한 일이 드러나거든 신령한 너희는 온유한 심령으로 그러한 자를 바로잡고 네 자신을 돌아보아 너도 시험을 받을까 두려워하라.

※ 시리즈 3 ※

믿음 안에서 자라감

Growing in Faith

시리즈 3. 믿음 안에서 자라감

1. 약속

1) 약속의 중요성	벧후 1:3-4	고후 1:20
2) 선교를 위한 약속들	고후 1:3-4	고전 3:7-8
3) 열매 맺는 삶을 위한 약속들	시 1:2-3	벧후 1:8
4) 고난 중 도우심을 위한 약속들	벧전 5:10	고후 12:9
5) 공급을 위한 약속들	엡 1:3	시 37:4-5
6) 용서에 대한 약속들	요일 2:1-2	시 103:12

1) 약속의 중요성

베드로후서 1:3-4
그의 신기한 능력으로 생명과 경건에 속한 모든 것을 우리에게 주셨으니 이는 자기의 영광과 덕으로써 우리를 부르신 자를 앎으로 말미암음이라. 이로써 그 보배롭고 지극히 큰 약속을 우리에게 주사 이 약속으로 말미암아 너희로 정욕을 인하여 세상에서 썩어질 것을 피하여 신의 성품에 참예하는 자가 되게 하려 하셨으니.

1) 약속의 중요성

고린도후서 1:20
하나님의 약속은 얼마든지 그리스도 안에서 예가 되니 그런즉 그로 말미암아 우리가 아멘 하여 하나님께 영광을 돌리게 되느니라.

2) 선교를 위한 약속들

고린도후서 1:3-4
찬송하리로다. 그는 우리 주 예수 그리스도의 하나님이시요 자비의 아버지시요 모든 위로의 하나님이시며 우리의 모든 환난 중에서 우리를 위로하사 우리로 하여금 하나님께 받는 위로로써 모든 환난 중에 있는 자들을 능히 위로하게 하시는 이시로다.

2) 선교를 위한 약속들

고린도전서 3:7-8
그런즉 심는 이나 물 주는 이는 아무것도 아니로되 오직 자라나게 하시는 하나님뿐이니라. 심는 이와 물 주는 이가 일반이나 각각 자기의 일하는 대로 자기의 상을 받으리라.

3) 열매 맺는 삶을 위한 약속들

시편 1:2-3
오직 여호와의 율법을 즐거워하여 그 율법을 주야로 묵상하는 자로다. 저는 시냇가에 심은 나무가 시절을 좇아 과실을 맺으며 그 잎사귀가 마르지 아니함 같으니 그 행사가 다 형통하리로다.

3) 열매 맺는 삶을 위한 약속들

베드로후서 1:8
이런 것이 너희에게 있어 흡족한즉 너희로 우리 주 예수 그리스도를 알기에 게으르지 않고 열매 없는 자가 되지 않게 하려니와.

4) 고난 중 도우심을 위한 약속들

베드로전서 5:10
모든 은혜의 하나님 곧 그리스도 안에서 너희를 부르사 자기의 영원한 영광에 들어가게 하신 이가 잠깐 고난을 받은 너희를 친히 온전케 하시며 굳게 하시며 강하게 하시며 터를 견고케 하시리라.

4) 고난 중 도우심을 위한 약속들

고린도후서 12:9
내게 이르시기를 "내 은혜가 네게 족하도다. 이는 내 능력이 약한 데서 온전하여짐이라" 하신지라, 이러므로 도리어 크게 기뻐함으로 나의 여러 약한 것들에 대하여 자랑하리니 이는 그리스도의 능력으로 내게 머물게 하려 함이라.

5) 공급을 위한 약속들

에베소서 1:3
찬송하리로다. 하나님 곧 우리 주 예수 그리스도의 아버지께서 그리스도 안에서 하늘에 속한 모든 신령한 복으로 우리에게 복 주시되.

5) 공급을 위한 약속들

시편 37:4-5
또 여호와를 기뻐하라. 저가 네 마음의 소원을 이루어 주시리로다. 너의 길을 여호와께 맡기라. 저를 의지하면 저가 이루시고.

6) 용서에 대한 약속들

요한일서 2:1-2
나의 자녀들아, 내가 이것을 너희에게 씀은 너희로 죄를 범치 않게 하려 함이라. 만일 누가 죄를 범하면 아버지 앞에서 우리에게 대언자가 있으니 곧 의로우신 예수 그리스도시라. 저는 우리 죄를 위한 화목 제물이니 우리만 위할 뿐 아니요 온 세상의 죄를 위하심이라.

6) 용서에 대한 약속들

시편 103:12
동이 서에서 먼 것같이 우리 죄과를 우리에게서 멀리 옮기셨으며.

시리즈 3. 믿음 안에서 자라감

2. 말씀

1) 능력　　　　히 4:12　　　　사 55:10-11
2) 영감　　　　벧후 1:20-21　　살전 2:13
3) 영양　　　　렘 15:16　　　　욥 23:12
4) 알아야 함　　행 17:11　　　　요 5:39-40
5) 순종해야 함　요 8:31-32　　　마 4:4
6) 확실성　　　마 24:35　　　　요 17:17

1) 능력

히브리서 4:12
하나님의 말씀은 살았고 운동력이 있어 좌우에 날 선 어떤 검보다도 예리하여 혼과 영과 및 관절과 골수를 찔러 쪼개기까지 하며 또 마음의 생각과 뜻을 감찰하나니.

1) 능력

이사야 55:10-11
비와 눈이 하늘에서 내려서는 다시 그리로 가지 않고 토지를 적시어서 싹이 나게 하며 열매가 맺게 하여 파종하는 자에게 종자를 주며 먹는 자에게 양식을 줌과 같이 내 입에서 나가는 말도 헛되이 내게로 돌아오지 아니하고 나의 뜻을 이루며 나의 명하여 보낸 일에 형통하리라.

2) 영감

베드로후서 1:20-21
먼저 알 것은 경의 모든 예언은 사사로이 풀 것이 아니니 예언은 언제든지 사람의 뜻으로 낸 것이 아니요 오직 성령의 감동하심을 입은 사람들이 하나님께 받아 말한 것임이니라.

2) 영감

데살로니가전서 2:13
이러므로 우리가 하나님께 쉬지 않고 감사함은 너희가 우리에게 들은바 하나님의 말씀을 받을 때에 사람의 말로 아니하고 하나님의 말씀으로 받음이니 진실로 그러하다. 이 말씀이 또한 너희 믿는 자 속에서 역사하느니라.

3) 영양

예레미야 15:16
만군의 하나님 여호와시여, 나는 주의 이름으로 일컬음을 받는 자라. 내가 주의 말씀을 얻어먹었사오니 주의 말씀은 내게 기쁨과 내 마음의 즐거움이오나.

3) 영양

욥기 23:12
내가 그의 입술의 명령을 어기지 아니하고 일정한 음식보다 그 입의 말씀을 귀히 여겼구나.

4) 알아야 함

사도행전 17:11
베뢰아 사람은 데살로니가에 있는 사람보다 더 신사적이어서 간절한 마음으로 말씀을 받고 이것이 그러한가 하여 날마다 성경을 상고하므로.

4) 알아야 함

요한복음 5:39-40
너희가 성경에서 영생을 얻는 줄 생각하고 성경을 상고하거니와 이 성경이 곧 내게 대하여 증거하는 것이로다. 그러나 너희가 영생을 얻기 위하여 내게 오기를 원하지 아니하는도다.

5) 순종해야 함

요한복음 8:31-32
그러므로 예수께서 자기를 믿은 유대인들에게 이르시되, 너희가 내 말에 거하면 참 내 제자가 되고 진리를 알지니 진리가 너희를 자유케 하리라.

5) 순종해야 함

마태복음 4:4
예수께서 대답하여 가라사대, 기록되었으되 사람이 떡으로만 살 것이 아니요 하나님의 입으로 나오는 모든 말씀으로 살 것이라 하였느니라 하시니.

6) 확실성

마태복음 24:35
천지는 없어지겠으나 내 말은 없어지지 아니하리라.

6) 확실성

요한복음 17:17
저희를 진리로 거룩하게 하옵소서. 아버지의 말씀은 진리니이다.

시리즈 3. 믿음 안에서 자라감

3. 믿음

1) 믿음의 시련　　　벧전 1:6-7　약 1:2-4
2) 불신의 결과　　　히 4:2　　　히 10:38
3) 믿음의 투쟁　　　엡 6:16　　　딤전 6:11-12
4) 믿음의 근원　　　히 11:1　　　롬 10:17
5) 행하는 믿음　　　히 6:12　　　약 2:17
6) 믿음으로 의롭게 됨　갈 2:16　　　롬 5:1

1) 믿음의 시련

베드로전서 1:6-7
그러므로 너희가 이제 여러 가지 시험을 인하여 잠깐 근심하게 되지 않을 수 없었으나 오히려 크게 기뻐하도다. 너희 믿음의 시련이 불로 연단하여도 없어질 금보다 더 귀하여 예수 그리스도의 나타나실 때에 칭찬과 영광과 존귀를 얻게 하려 함이라.

1) 믿음의 시련

야고보서 1:2-4
내 형제들아, 너희가 여러 가지 시험을 만나거든 온전히 기쁘게 여기라. 이는 너희 믿음의 시련이 인내를 만들어 내는 줄 너희가 앎이라. 인내를 온전히 이루라. 이는 너희로 온전하고 구비하여 조금도 부족함이 없게 하려 함이라.

2) 불신의 결과

히브리서 4:2
저희와 같이 우리도 복음 전함을 받은 자이나 그러나 그 들은바 말씀이 저희에게 유익되지 못한 것은 듣는 자가 믿음을 화합지 아니함이라.

2) 불신의 결과

히브리서 10:38
"오직 나의 의인은 믿음으로 말미암아 살리라. 또한 뒤로 물러가면 내 마음이 저를 기뻐하지 아니하리라" 하셨느니라.

3) 믿음의 투쟁

에베소서 6:16
모든 것 위에 믿음의 방패를 가지고 이로써 능히 악한 자의 모든 화전을 소멸하고.

3) 믿음의 투쟁

디모데전서 6:11-12
오직 너 하나님의 사람아, 이것들을 피하고 의와 경건과 믿음과 사랑과 인내와 온유를 좇으며 믿음의 선한 싸움을 싸우라. 영생을 취하라. 이를 위하여 네가 부르심을 입었고 많은 증인 앞에서 선한 증거를 증거하였도다.

4) 믿음의 근원

히브리서 11:1
믿음은 바라는 것들의 실상이요 보지 못하는 것들의 증거니.

4) 믿음의 근원

로마서 10:17
그러므로 믿음은 들음에서 나며 들음은 그리스도의 말씀으로 말미암았느니라.

5) 행하는 믿음

히브리서 6:12
게으르지 아니하고 믿음과 오래 참음으로 말미암아 약속들을 기업으로 받는 자들을 본받는 자 되게 하려는 것이니라.

5) 행하는 믿음

야고보서 2:17
이와 같이 행함이 없는 믿음은 그 자체가 죽은 것이라.

6) 믿음으로 의롭게 됨

갈라디아서 2:16
사람이 의롭게 되는 것은 율법의 행위에서 난 것이 아니요 오직 예수 그리스도를 믿음으로 말미암는 줄 아는 고로 우리도 그리스도 예수를 믿나니, 이는 우리가 율법의 행위에서 아니고 그리스도를 믿음으로써 의롭다 함을 얻으려 함이라. 율법의 행위로써는 의롭다 함을 얻을 육체가 없느니라.

6) 믿음으로 의롭게 됨

로마서 5:1
그러므로 우리가 믿음으로 의롭다 하심을 얻었은즉 우리 주 예수 그리스도로 말미암아 하나님으로 더불어 화평을 누리자.

※ 시리즈 4 ※

승리 안에서 행함

Walking in Victory

시리즈 4. 승리 안에서 행함

1. 승리

1) 그리스도 안에 있는 승리	고전 15:57	고후 2:14
2) 승리의 무기	고후 10:4-5	엡 6:10-11
3) 마귀를 이김	계 12:11	약 4:7-8
4) 육신을 이김	롬 8:5-6	롬 13:14
5) 세상을 이김	요일 4:4	요일 5:4-5
6) 죄를 이김	시 37:31	롬 6:12-13

1) 그리스도 안에 있는 승리

고린도전서 15:57
우리 주 예수 그리스도로 말미암아 우리에게 이김을 주시는 하나님께 감사하노니.

1) 그리스도 안에 있는 승리

고린도후서 2:14
항상 우리를 그리스도 안에서 이기게 하시고 우리로 말미암아 각처에서 그리스도를 아는 냄새를 나타내시는 하나님께 감사하노라.

2) 승리의 무기

고린도후서 10:4-5
우리의 싸우는 병기는 육체에 속한 것이 아니요 오직 하나님 앞에서 견고한 진을 파하는 강력이라. 모든 이론을 파하며 하나님 아는 것을 대적하여 높아진 것을 다 파하고 모든 생각을 사로잡아 그리스도에게 복종케 하니.

2) 승리의 무기

에베소서 6:10-11
종말로 너희가 주 안에서와 그 힘의 능력으로 강건하여지고 마귀의 궤계를 능히 대적하기 위하여 하나님의 전신갑주를 입으라.

3) 마귀를 이김

요한계시록 12:11
또 여러 형제가 어린 양의 피와 자기의 증거하는 말을 인하여 저를 이기었으니 그들은 죽기까지 자기 생명을 아끼지 아니하였도다.

3) 마귀를 이김

야고보서 4:7-8
그런즉 너희는 하나님께 순복할지어다. 마귀를 대적하라. 그리하면 너희를 피하리라. 하나님을 가까이하라. 그리하면 너희를 가까이하시리라. 죄인들아, 손을 깨끗이 하라. 두 마음을 품은 자들아, 마음을 성결케 하라.

4) 육신을 이김

로마서 8:5-6
육신을 좇는 자는 육신의 일을, 영을 좇는 자는 영의 일을 생각하나니 육신의 생각은 사망이요 영의 생각은 생명과 평안이니라.

4) 육신을 이김

로마서 13:14
오직 주 예수 그리스도로 옷 입고 정욕을 위하여 육신의 일을 도모하지 말라.

5) 세상을 이김

요한일서 4:4
자녀들아, 너희는 하나님께 속하였고 또 저희를 이기었나니 이는 너희 안에 계신 이가 세상에 있는 이보다 크심이라.

5) 세상을 이김

요한일서 5:4-5
대저 하나님께로서 난 자마다 세상을 이기느니라. 세상을 이긴 이김은 이것이니 우리의 믿음이니라. 예수께서 하나님의 아들이심을 믿는 자가 아니면 세상을 이기는 자가 누구뇨.

6) 죄를 이김

시편 37:31
그 마음에는 하나님의 법이 있으니 그 걸음에 실족함이 없으리로다.

6) 죄를 이김

로마서 6:12-13
그러므로 너희는 죄로 너희 죽을 몸에 왕노릇 하지 못하게 하여 몸의 사욕을 순종치 말고 또한 너희 지체를 불의의 병기로 죄에게 드리지 말고 오직 너희 자신을 죽은 자 가운데서 다시 산 자같이 하나님께 드리며 너희 지체를 의의 병기로 하나님께 드리라.

시리즈 4. 승리 안에서 행함

2. 순 결

1) 생각	빌 4:8	딛 1:15
2) 마음	눅 6:45	잠 4:23
3) 눈	마 6:22	마 5:28
4) 몸	살전 4:3	고전 6:13
5) 말	엡 4:29	마 12:36-37
6) 행동	살전 5:22	딤전 5:1-2

1) 생 각

빌립보서 4:8
종말로 형제들아, 무엇에든지 참되며 무엇에든지 경건하며 무엇에든지 옳으며 무엇에든지 정결하며 무엇에든지 사랑할 만하며 무엇에든지 칭찬할 만하며 무슨 덕이 있든지 무슨 기림이 있든지 이것들을 생각하라.

1) 생 각

디도서 1:15
깨끗한 자들에게는 모든 것이 깨끗하나 더럽고 믿지 아니하는 자들에게는 아무것도 깨끗한 것이 없고 오직 저희 마음과 양심이 더러운지라.

2) 마음

누가복음 6:45
선한 사람은 마음의 쌓은 선에서 선을 내고 악한 자는 그 쌓은 악에서 악을 내나니 이는 마음의 가득한 것을 입으로 말함이니라.

2) 마음

잠언 4:23
무릇 지킬 만한 것보다 더욱 네 마음을 지키라. 생명의 근원이 이에서 남이니라.

3) 눈

마태복음 6:22
눈은 몸의 등불이니 그러므로 네 눈이 성하면 온 몸이 밝을 것이요.

3) 눈

마태복음 5:28
나는 너희에게 이르노니 여자를 보고 음욕을 품는 자마다 마음에 이미 간음하였느니라.

4) 몸

데살로니가전서 4:3
하나님의 뜻은 이것이니 너희의 거룩함이라. 곧 음란을 버리고.

4) 몸

고린도전서 6:13
식물은 배를 위하고 배는 식물을 위하나 하나님이 이것저것 다 폐하시리라. 몸은 음란을 위하지 않고 오직 주를 위하며 주는 몸을 위하시느니라.

5) 말

에베소서 4:29
무릇 더러운 말은 너희 입 밖에도 내지 말고 오직 덕을 세우는 데 소용되는 대로 선한 말을 하여 듣는 자들에게 은혜를 끼치게 하라.

5) 말

마태복음 12:36-37
내가 너희에게 이르노니 사람이 무슨 무익한 말을 하든지 심판 날에 이에 대하여 심문을 받으리니 네 말로 의롭다 함을 받고 네 말로 정죄함을 받으리라.

6) 행동

데살로니가전서 5:22
악은 모든 모양이라도 버리라.

6) 행동

디모데전서 5:1-2
늙은이를 꾸짖지 말고 권하되 아비에게 하듯 하며 젊은이를 형제에게 하듯 하고 늙은 여자를 어미에게 하듯 하며 젊은 여자를 일절 깨끗함으로 자매에게 하듯 하라.

시리즈 4. 승리 안에서 행함

3. 기도

1) 구하고 행하라	마 21:22	마 7:7-8
2) 은밀한 기도	마 6:6	막 1:35
3) 하나님의 응답	렘 33:3	엡 3:20
4) 그의 뜻대로 기도함	요일 5:14-15	살전 5:17-18
5) 중보의 기도	삼상 12:23	마 9:37-38
6) 찬양	히 13:15	시 146:1-2

1) 구하고 행하라

마태복음 21:22
너희가 기도할 때에 무엇이든지 믿고 구하는 것은 다 받으리라 하시니라.

1) 구하고 행하라

마태복음 7:7-8
구하라 그러면 너희에게 주실 것이요, 찾으라 그러면 찾을 것이요, 문을 두드리라 그러면 너희에게 열릴 것이니, 구하는 이마다 얻을 것이요 찾는 이가 찾을 것이요 두드리는 이에게 열릴 것이니라.

2) 은밀한 기도

마태복음 6:6
너는 기도할 때에 네 골방에 들어가 문을 닫고 은밀한 중에 계신 네 아버지께 기도하라. 은밀한 중에 보시는 네 아버지께서 갚으시리라.

2) 은밀한 기도

마가복음 1:35
새벽 오히려 미명에 예수께서 일어나 나가 한적한 곳으로 가사 거기서 기도하시더니.

3) 하나님의 응답

예레미야 33:3
너는 내게 부르짖으라. 내가 네게 응답하겠고 네가 알지 못하는 크고 비밀한 일을 네게 보이리라.

3) 하나님의 응답

에베소서 3:20
우리 가운데서 역사하시는 능력대로 우리의 온갖 구하는 것이나 생각하는 것에 더 넘치도록 능히 하실 이에게.

4) 그의 뜻대로 기도함

요한일서 5:14-15
그를 향하여 우리의 가진바 담대한 것이 이것이니 그의 뜻대로 무엇을 구하면 들으심이라. 우리가 무엇이든지 구하는 바를 들으시는 줄을 안즉 우리가 그에게 구한 그것을 얻은 줄을 또한 아느니라.

4) 그의 뜻대로 기도함

데살로니가전서 5:17-18
쉬지 말고 기도하라. 범사에 감사하라. 이는 그리스도 예수 안에서 너희를 향하신 하나님의 뜻이니라.

5) 중보의 기도

사무엘상 12:23
나는 너희를 위하여 기도하기를 쉬는 죄를 여호와 앞에 결단코 범치 아니하고 선하고 의로운 도로 너희를 가르칠 것인즉.

5) 중보의 기도

마태복음 9:37-38
이에 제자들에게 이르시되, 추수할 것은 많되 일꾼은 적으니 그러므로 추수하는 주인에게 청하여 추수할 일꾼들을 보내어 주소서 하라 하시니라.

6) 찬양

히브리서 13:15
이러므로 우리가 예수로 말미암아 항상 찬미의 제사를 하나님께 드리자. 이는 그 이름을 증거하는 입술의 열매니라.

6) 찬양

시편 146:1-2
할렐루야, 내 영혼아, 여호와를 찬양하라. 나의 생전에 여호와를 찬양하며 나의 평생에 내 하나님을 찬송하리로다.

시리즈 5

그리스도를 증거함

Sharing Christ with Others

시리즈 5. 그리스도를 증거함

1. 전도

1) 모든 사람에게 전파함	골 1:27-28
2) 하나님의 사신이 됨	고후 5:19-20
3) 하나님을 기쁘시게 함	살전 2:4
4) 모든 사람을 섬김	고전 9:19
5) 시기를 분별함	요 4:35
6) 생명을 나눔	살전 2:8
7) 죄의 실재	롬 3:10-12
8) 죄의 결말	살후 1:8-9
9) 그리스도께서 값을 치르심	벧전 2:24
10) 선물로 주신 구원	딤후 1:9
11) 믿고 영접함	롬 10:9-10
12) 구원의 확신	요 10:28-29

1) 모든 사람에게 전파함

골로새서 1:27-28
하나님이 그들로 하여금 이 비밀의 영광이 이방인 가운데 어떻게 풍성한 것을 알게 하려 하심이라. 이 비밀은 너희 안에 계신 그리스도시니 곧 영광의 소망이니라. 우리가 그를 전파하여 각 사람을 권하고 모든 지혜로 각 사람을 가르침은 각 사람을 그리스도 안에서 완전한 자로 세우려 함이니.

2) 하나님의 사신이 됨

고린도후서 5:19-20
이는 하나님께서 그리스도 안에 계시사 세상을 자기와 화목하게 하시며 저희의 죄를 저희에게 돌리지 아니하시고 화목하게 하는 말씀을 우리에게 부탁하셨느니라. 이러므로 우리가 그리스도를 대신하여 사신이 되어 하나님이 우리로 너희를 권면하시는 것같이 그리스도를 대신하여 간구하노니 너희는 하나님과 화목하라.

3) 하나님을 기쁘시게 함

데살로니가전서 2:4
오직 하나님의 옳게 여기심을 입어 복음 전할 부탁을 받았으니 우리가 이와 같이 말함은 사람을 기쁘게 하려 함이 아니요 오직 우리 마음을 감찰하시는 하나님을 기쁘시게 하려 함이라.

4) 모든 사람을 섬김

고린도전서 9:19
내가 모든 사람에게 자유하였으나 스스로 모든 사람에게 종이 된 것은 더 많은 사람을 얻고자 함이라.

5) 시기를 분별함

요한복음 4:35
너희가 넉 달이 지나야 추수할 때가 이르겠다 하지 아니하느냐. 내가 너희에게 이르노니 눈을 들어 밭을 보라. 희어져 추수하게 되었도다.

6) 생명을 나눔

데살로니가전서 2:8
우리가 이같이 너희를 사모하여 하나님의 복음으로만 아니라 우리 목숨까지 너희에게 주기를 즐겨함은 너희가 우리의 사랑하는 자 됨이니라.

7) 죄의 실재

로마서 3:10-12
기록한바 의인은 없나니 하나도 없으며 깨닫는 자도 없고 하나님을 찾는 자도 없고 다 치우쳐 한가지로 무익하게 되고 선을 행하는 자는 없나니 하나도 없도다.

8) 죄의 결말

데살로니가후서 1:8-9
하나님을 모르는 자들과 우리 주 예수의 복음을 복종치 않는 자들에게 형벌을 주시리니 이런 자들이 주의 얼굴과 그의 힘의 영광을 떠나 영원한 멸망의 형벌을 받으리로다.

9) 그리스도께서 값을 치르심

베드로전서 2:24
친히 나무에 달려 그 몸으로 우리 죄를 담당하셨으니 이는 우리로 죄에 대하여 죽고 의에 대하여 살게 하려 하심이라. 저가 채찍에 맞음으로 너희는 나음을 얻었나니.

10) 선물로 주신 구원

디모데후서 1:9
하나님이 우리를 구원하사 거룩하신 부르심으로 부르심은 우리의 행위대로 하심이 아니요 오직 자기 뜻과 영원한 때 전부터 그리스도 예수 안에서 우리에게 주신 은혜대로 하심이라.

11) 믿고 영접함

로마서 10:9-10
네가 만일 네 입으로 예수를 주로 시인하며 또 하나님께서 그를 죽은 자 가운데서 살리신 것을 네 마음에 믿으면 구원을 얻으리니 사람이 마음으로 믿어 의에 이르고 입으로 시인하여 구원에 이르느니라.

12) 구원의 확신

요한복음 10:28-29
내가 저희에게 영생을 주노니 영원히 멸망치 아니할 터이요 또 저희를 내 손에서 빼앗을 자가 없느니라. 저희를 주신 내 아버지는 만유보다 크시매 아무도 아버지 손에서 빼앗을 수 없느니라.

시리즈 5. 그리스도를 증거함

2. 변 명

1) 나는 그렇게 나쁜 사람이 아니다	잠 21:2
2) 포기할 게 너무 많다	막 8:36
3) 이해할 수 없다	요 7:17
4) 나는 아직 그렇게 선하지는 못하다	눅 5:31-32
5) 사람들이 어떻게 생각할까	요 5:44
6) 나는 지속하지 못할 것이다	히 7:25
7) 좀 더 기다려 보겠다	잠 27:1
8) 위선자가 너무 많다	롬 14:12
9) 그리스도를 믿을 수 없다	요 5:39
10) 다른 종교는 어떠한가	잠 14:12
11) 하나님은 아무도 지옥에 보내시지 않을 것이다	마 25:41
12) 이교도들은 어떻게 되나	롬 1:20

1) 나는 그렇게 나쁜 사람이 아니다

잠언 21:2
사람의 행위가 자기 보기에는 모두 정직하여도 여호와는 심령을 감찰하시느니라.

2) 포기할 게 너무 많다

마가복음 8:36
사람이 만일 온 천하를 얻고도 제 목숨을 잃으면 무엇이 유익하리요.

3) 이해할 수 없다

요한복음 7:17
사람이 하나님의 뜻을 행하려 하면 이 교훈이 하나님께로서 왔는지 내가 스스로 말함인지 알리라.

4) 나는 아직 그렇게 선하지는 못하다

누가복음 5:31-32
예수께서 대답하여 가라사대, 건강한 자에게는 의원이 쓸데없고 병든 자에게라야 쓸 데 있나니 내가 의인을 부르러 온 것이 아니요 죄인을 불러 회개시키러 왔노라.

5) 사람들이 어떻게 생각할까

요한복음 5:44
너희가 서로 영광을 취하고 유일하신 하나님께로부터 오는 영광은 구하지 아니하니 어찌 나를 믿을 수 있느냐.

6) 나는 지속하지 못할 것이다

히브리서 7:25
그러므로 자기를 힘입어 하나님께 나아가는 자들을 온전히 구원하실 수 있으니 이는 그가 항상 살아서 저희를 위하여 간구하심이니라.

7) 좀 더 기다려 보겠다

잠언 27:1
너는 내일 일을 자랑하지 말라. 하루 동안에 무슨 일이 날는지 네가 알 수 없음이니라.

8) 위선자가 너무 많다

로마서 14:12
이러므로 우리 각인이 자기 일을 하나님께 직고하리라.

9) 그리스도를 믿을 수 없다

요한복음 5:39
너희가 성경에서 영생을 얻는 줄 생각하고 성경을 상고하거니와 이 성경이 곧 내게 대하여 증거하는 것이로다.

10) 다른 종교는 어떠한가

잠언 14:12
어떤 길은 사람의 보기에 바르나 필경은 사망의 길이니라.

11) 하나님은 아무도 지옥에 보내시지 않을 것이다

마태복음 25:41
또 왼편에 있는 자들에게 이르시되, 저주를 받은 자들아, 나를 떠나 마귀와 그 사자들을 위하여 예비된 영영한 불에 들어가라.

12) 이교도들은 어떻게 되나

로마서 1:20
창세로부터 그의 보이지 아니하는 것들 곧 그의 영원하신 능력과 신성이 그 만드신 만물에 분명히 보여 알게 되나니 그러므로 저희가 핑계치 못할지니라.

시리즈 5. 그리스도를 증거함

3. 그리스도 안에 있는 신자의 위치

1) 구속받음	벧전 1:18-19
2) 화목하게 됨	고후 5:18
3) 사함받음	엡 1:7
4) 율법에서 해방됨	롬 6:14-15
5) 하나님께로 남	갈 3:26
6) 제사장이 됨	벧전 2:9
7) 의롭게 됨	고후 5:21
8) 거룩하게 됨	고전 1:30
9) 완전하게 됨	히 10:14
10) 의롭다 하심	롬 3:24
11) 천국 시민이 됨	빌 3:20
12) 온전하게 됨	골 2:9-10

1) 구속받음

베드로전서 1:18-19
너희가 알거니와 너희 조상의 유전한 망령된 행실에서 구속된 것은 은이나 금같이 없어질 것으로 한 것이 아니요 오직 흠 없고 점 없는 어린 양 같은 그리스도의 보배로운 피로 한 것이니라.

2) 화목하게 됨

고린도후서 5:18
모든 것이 하나님께로 났나니 저가 그리스도로 말미암아 우리를 자기와 화목하게 하시고 또 우리에게 화목하게 하는 직책을 주셨으니.

3) 사함받음

에베소서 1:7
우리가 그리스도 안에서 그의 은혜의 풍성함을 따라 그의 피로 말미암아 구속 곧 죄 사함을 받았으니.

4) 율법에서 해방됨

로마서 6:14-15
죄가 너희를 주관치 못하리니 이는 너희가 법 아래 있지 아니하고 은혜 아래 있음이니라. 그런즉 어찌하리요. 우리가 법 아래 있지 아니하고 은혜 아래 있으니 죄를 지으리요. 그럴 수 없느니라.

5) 하나님께로 남

갈라디아서 3:26
너희가 다 믿음으로 말미암아 그리스도 예수 안에서 하나님의 아들이 되었으니.

6) 제사장이 됨

베드로전서 2:9
오직 너희는 택하신 족속이요 왕 같은 제사장들이요 거룩한 나라요 그의 소유된 백성이니 이는 너희를 어두운 데서 불러내어 그의 기이한 빛에 들어가게 하신 자의 아름다운 덕을 선전하게 하려 하심이라.

7) 의롭게 됨

고린도후서 5:21
하나님이 죄를 알지도 못하신 자로 우리를 대신하여 죄를 삼으신 것은 우리로 하여금 저의 안에서 하나님의 의가 되게 하려 하심이니라.

8) 거룩하게 됨

고린도전서 1:30
너희는 하나님께로부터 나서 그리스도 예수 안에 있고 예수는 하나님께로서 나와서 우리에게 지혜와 의로움과 거룩함과 구속함이 되셨으니.

9) 완전하게 됨

히브리서 10:14
저가 한 제물로 거룩하게 된 자들을 영원히 온전케 하셨느니라.

10) 의롭다 하심

로마서 3:24
그리스도 예수 안에 있는 구속으로 말미암아 하나님의 은혜로 값없이 의롭다 하심을 얻은 자 되었느니라.

11) 천국 시민이 됨

빌립보서 3:20
오직 우리의 시민권은 하늘에 있는지라. 거기로서 구원하는 자 곧 주 예수 그리스도를 기다리노니.

12) 온전하게 됨

골로새서 2:9-10
그 안에는 신성의 모든 충만이 육체로 거하시고 너희도 그 안에서 충만하여졌으니 그는 모든 정사와 권세의 머리시라.

주제별 성경암송 180구절
목 록

시리즈 1. 하나님을 알아감

1. 예수 그리스도
1) 예수님의 신성   요 1:1,14   히 1:8
2) 예수님의 인성   히 4:15   눅 2:52
3) 예수님의 부활   고전 15:3-4   고전 15:20
4) 예수님은 하나님을 나타내심   요 1:18   히 1:3
5) 구속자이신 예수님   눅 19:10   벧전 1:18-19
6) 예수님의 재림   살전 4:16-17   요일 3:2-3

2. 성령
1) 증거하시는 성령   요 16:13-14   고전 12:3
2) 내주하시는 성령   롬 8:9   갈 4:6
3) 통치하시는 성령   엡 5:18   갈 5:16
4) 계시하시는 성령   고전 2:9-10   요 14:26
5) 능력을 주시는 성령   고전 2:4-5   살전 1:5
6) 은사를 주시는 성령   고전 12:11   고전 12:4-6

3. 하나님
1) 능력   렘 32:17
2) 지혜   롬 11:33
3) 임재   렘 23:24
4) 은혜   고후 9:8
5) 영광   대상 29:11-13
6) 성실   살후 3:3
7) 영이심   요 4:24
8) 거룩하심   벧전 1:15-16
9) 광대하심   시 145:3
10) 사랑   요일 4:9
11) 긍휼   시 86:15
12) 절대주권   롬 8:28

시리즈 2. 사랑 안에서 자라감

1. 사랑으로 말함
1) 진실을 말함	엡 4:15	골 3:9
2) 험담을 피함	잠 17:9	잠 11:13
3) 은혜스럽게 말함	골 4:4-6	잠 15:1
4) 죄를 시인함	약 5:16	마 5:23-24
5) 경청함	약 1:19	잠 18:13
6) 책망을 받아들임	잠 9:8-9	마 18:15

2. 사랑으로 대함
1) 다른 사람을 용서함	엡 4:32	골 3:13
2) 오래 참음	엡 4:2	딤후 2:24-25
3) 분노를 다스림	엡 4:26	골 3:8
4) 악의를 버림	히 12:15	엡 4:31
5) 억울한 일을 참음	벧전 2:20-21	롬 12:19
6) 시기심을 버림	잠 27:4	약 3:16

3. 사랑으로 행함
1) 화목한 생활	롬 15:5-6	고전 1:10
2) 다른 사람을 섬김	마 20:26-27	갈 5:13
3) 남을 먼저 생각함	롬 15:2	빌 2:3-4
4) 서로 격려함	살전 5:11	전 4:9-10
5) 불쌍히 여김	마 9:36	롬 12:15
6) 온유하게 대함	약 3:17	갈 6:1

시리즈 3. 믿음 안에서 자라감

1. 약속
1) 약속의 중요성	벧후 1:3-4	고후 1:20
2) 선교를 위한 약속들	고후 1:3-4	고전 3:7-8

3) 열매맺는 삶을 위한 약속들	시 1:2-3	벧후 1:8
4) 고난 중 도우심을 위한 약속들	벧전 5:10	고후 12:9
5) 공급을 위한 약속들	엡 1:3	시 37:4-5
6) 용서에 대한 약속들	요일 2:1-2	시 103:12

2. 말씀

1) 능력	히 4:12	사 55:10-11
2) 영감	벧후 1:20-21	살전 2:13
3) 영양	렘 15:16	욥 23:12
4) 알아야 함	행 17:11	요 5:39-40
5) 순종해야 함	요 8:31-32	마 4:4
6) 확실성	마 24:35	요 17:17

3. 믿음

1) 믿음의 시련	벧전 1:6-7	약 1:2-4
2) 불신의 결과	히 4:2	히 10:38
3) 믿음의 투쟁	엡 6:16	딤전 6:11-12
4) 믿음의 근원	히 11:1	롬 10:17
5) 행하는 믿음	히 6:12	약 2:17
6) 믿음으로 의롭게 됨	갈 2:16	롬 5:1

시리즈 4. 승리 안에서 행함

1. 승리

1) 그리스도 안에 있는 승리	고전 15:57	고후 2:14
2) 승리의 무기	고후 10:4-5	엡 6:10-11
3) 마귀를 이김	계 12:11	약 4:7-8
4) 육신을 이김	롬 8:5-6	롬 13:14
5) 세상을 이김	요일 4:4	요일 5:4-5
6) 죄를 이김	시 37:31	롬 6:12-13

2. 순결

1) 생각	빌 4:8	딛 1:15
2) 마음	눅 6:45	잠 4:23
3) 눈	마 6:22	마 5:28
4) 몸	살전 4:3	고전 6:13
5) 말	엡 4:29	마 12:36-37
6) 행동	살전 5:22	딤전 5:1-2

3. 기도

1) 구하고 행하라	마 21:22	마 7:7-8
2) 은밀한 기도	마 6:6	막 1:35
3) 하나님의 응답	렘 33:3	엡 3:20
4) 그의 뜻대로 기도함	요일 5:14-15	살전 5:17-18
5) 중보의 기도	삼상 12:23	마 9:37-38
6) 찬양	히 13:15	시 146:1-2

시리즈 5. 그리스도를 증거함

1. 전도

1) 모든 사람에게 전파함	골 1:27-28
2) 하나님의 사신이 됨	고후 5:19-20
3) 하나님을 기쁘시게 함	살전 2:4
4) 모든 사람을 섬김	고전 9:19
5) 시기를 분별함	요 4:35
6) 생명을 나눔	살전 2:8
7) 죄의 실재	롬 3:10-12
8) 죄의 결말	살후 1:8-9
9) 그리스도께서 값을 치르심	벧전 2:24
10) 선물로 주신 구원	딤후 1:9
11) 믿고 영접함	롬 10:9-10
12) 구원의 확신	요 10:28-29

2. 변명

1) 나는 그렇게 나쁜 사람이 아니다	잠 21:2
2) 포기할 게 너무 많다	막 8:36
3) 이해할 수 없다	요 7:17
4) 나는 아직 그렇게 선하지는 못하다	눅 5:31-32
5) 사람들이 어떻게 생각할까	요 5:44
6) 나는 지속하지 못할 것이다	히 7:25
7) 좀 더 기다려 보겠다	잠 27:1
8) 위선자가 너무 많다	롬 14:12
9) 그리스도를 믿을 수 없다	요 5:39
10) 다른 종교는 어떠한가	잠 14:12
11) 하나님은 아무도 지옥에 보내시지 않을 것이다	마 25:41
12) 이교도들은 어떻게 되나	롬 1:20

3. 그리스도 안에 있는 신자의 위치

1) 구속받음	벧전 1:18-19
2) 화목하게 됨	고후 5:18
3) 사함받음	엡 1:7
4) 율법에서 해방됨	롬 6:14-15
5) 하나님께로 남	갈 3:26
6) 제사장이 됨	벧전 2:9
7) 의롭게 됨	고후 5:21
8) 거룩하게 됨	고전 1:30
9) 완전하게 됨	히 10:14
10) 의롭다 하심	롬 3:24
11) 천국 시민이 됨	빌 3:20
12) 온전하게 됨	골 2:9-10

Memo

Memo

Memo

네비게이토 주제별 성경암송 시리즈 소개

▶ **그리스도와의 새출발 5구절**
  예수님을 영접한 그리스도인이 가져야 할 5가지 확신

▶ **그리스도와의 동행 8구절**
  그리스도와 동행하는 삶에 필요한 8가지 생활 지침

▶ **주제별 성경암송 60구절**
  그리스도 제자도의 핵심 사항을 5가지 주제별로 정리

▶ **주제별 성경암송 242구절**
  자신이 헌신된 주님의 제자로 성장할 뿐 아니라 다른 사람을 제자로 삼는 데 필요한 내용을 8가지 주제로 분류

▶ **주제별 성경암송 180구절**
  성숙한 믿음과 인격을 갖춘 헌신된 지도자로 성장하기 위해서 필요한 내용을 5가지 주제로 정리

PERSONAL NOTES

Name

Phone

Address

Memo

To know Christ and
To make Him known

네비게이토 출판사

Tel: (02)334-3305, http://navpress.co.kr
© 2007, Printed in Korea 7000

본 출판사의 서면 허락 없이는
본서의 전부 또는 일부의 무단 복제를 금합니다.

한눈에 보는 180구절

초판 1쇄 발행 : 2007년 12월 10일
초판 4쇄 발행 : 2022년 5월 10일
펴낸곳 : 네비게이토 출판사ⓒ
주소 : 03784 서울시 서대문구 연희로 16 (창천동)
전화 : 334-3305(대표), 334-3037(주문), 334-3119(팩스)
홈페이지 : http://navpress.co.kr
출판등록 : 제10-111호(1973년 3월 12일)

ISBN : 978-89-375-0314-6 02230